P. Krabo

FRANKFURT ⁴/O. Regierungsstr. 13.

Verschlafen, vergessen, verwunschen: das Dörfchen Mansfeld in der Westprignitz, im nordwestlichen Zipfel Brandenburgs, genau in der Mitte zwischen Berlin und Hamburg. Fünf Kilometer sind es von der Autobahn bis Putlitz, dann noch drei Kilometer durch eine Eichenallee. Eine Straße mit gerade mal 100 Anwohnern, eine Bushaltestelle, ein Postkasten. Und – hinter einer Reihe hoher Kastanien versteckt – eine Fachwerkkirche samt Pfarrhaus. Ein kleines Dorf in der Mark Brandenburg, zugleich der Geburtsort eines großen Dichters! Als erster Sohn des evangelischen Pfarrers Gustav Benn und dessen schweizerischer Ehefrau Caroline erblickte Gottfried Benn 1886 hier das Licht der Welt, am »Sonntag Quasimodog[eniti] den zweiten – 2. – Mai abends 7 1/2 Uhr«, wie das Kirchenbuch vermeldet.

In dem kleinen Pfarrhaus im märkischen Mansfeld verbrachte Benn nicht einmal das erste Lebensjahr. Schon bald zog die Familie ans entgegengesetzte Ende der Provinz Brandenburg, nach Sellin in der Neumark. Nach den Schuljahren in Frankfurt an der Oder ging Benn zum Studium (erst Theologie, dann Medizin) nach Marburg, darauf nach Berlin. Dort ließ sich der spätere Büchnerpreisträger 1917 als Arzt für Haut- und Geschlechtskrankheiten nieder und wohnte – mit Unterbrechungen – bis zu seinem Tode im Westen der Stadt.

Das Sonntagskind sollte ursprünglich Pfarrer werden. Doch der junge Benn reagierte mit Leistungsverweigerung und zeichnete sich an der Universität Marburg durch ›Unfleiß‹ aus. Erst als er an der militärärztlichen Kaiser-Wilhelm-Akademie in Berlin das Wunschfach Medizin studieren durfte, lebte er auf. 1911 erhielt er für einen medizinischen Fachbeitrag über Epilepsie die ›Goldene Medaille der Berliner Universität‹. Die äußere Abwendung von der Theologie ging mit einer innerlichen einher: Als ›junger Arzt‹, der ›viel seziert‹ hatte, schrieb Benn an einem trüben Winterabend einen »Zyklus von sechs Gedichten, die alle in der gleichen Stunde aufstiegen, sich heraufwarfen, da waren« – und 1912 unter dem Titel ›Morgue‹ bei Alfred Richard Meyer erschienen (GW, S. 1911). Diese berühmt gewordenen Gedichte des literarischen Expressionismus hatten einen existentiellen Hintergrund. Mit schnoddrigem Sarkasmus schrieb Benn sich die bedrückende Atmosphäre von Sektionssaal und Leichenschauhaus von der Seele. Permanent wurde der junge Mediziner mit der Hinfälligkeit und Vergänglichkeit

menschlicher Existenz konfrontiert; tradierte Glaubensgewißheiten kollidierten mit naturwissenschaftlichen Erkenntnissen. »Ich brülle: Geist enthülle Dich!«, rief Benn in seinem Gedicht ›Fleisch‹: »ich muß noch einmal dieser frommen Leiche/den Kopf zerfleischen – Bregen vor –! Ein Fleckchen!/Ein Fleck, der gegen die Verwesung spräche!! –/Das Fleckchen, wo sich Gott erging ...!!« (GW, S. 37). Doch ließ sich der Sitz der Seele nicht herauspräparieren. Der Pathologe war der Verzweiflung nah: »Das Hirn verwest genauso wie der Arsch!« (GW, S. 37) Benn kam vom Glauben ab: »Man hat uns belogen und betrogen/mit Gotteskindschaft, Sinn und Zweck« (GW, S. 22).

Diesen Nihilismus überwand der Dichter mit einer als Metaphysik formulierten Kunsttheorie: »So gewiß ich mich früh von den Problemen des Dogmas, der Lehre der Glaubensgemeinschaft entfernte, da mich nur die Probleme der Gestaltung, des Wortes, des Dichterischen bewegten, so gewiß habe ich die Atmosphäre meines Vaterhauses bis heute nicht verloren: in dem *Fanatismus zur Transzendenz* [...]. Aber ich sehe diese Transzendenz ins Artistische gewendet, als Philosophie, als Metaphysik der Kunst. Ich sehe die Kunst die Religion dem Range nach

Gottfried Benns Geburtshaus (Pfarrhaus) in Mansfeld/ Westprignitz. – Foto: Kai-Uwe Scholz, 1998

3

verdrängen. Innerhalb des allgemeinen europäischen Nihilismus, innerhalb des Nihilismus aller Werte, erblicke ich keine andere Transzendenz als die Transzendenz der schöpferischen Lust.« (GW, S. 1691) Benns neues Credo: »Wenn je die Gottheit, tief und unerkenntlich/in einem Wesen auferstand und sprach,/so sind es Verse, da unendlich/in ihnen sich die Qual der Herzen brach« (GW, S. 194). In seinem Werk schlug die Mitgift des protestantischen Pfarrhausmilieus immer wieder durch. ›Die Kunst im Schatten des Gottes‹ und ›Säkularisation als sprachbildende Kraft‹ lauten denn auch die Titel früher Untersuchungen zu Benns Schaffen. Benns Verwurzelung in der protestantischen Pfarrhaustradition zeigt sich nirgendwo sinnfälliger als in dem märkischen Dörfchen an der Grenze zu Mecklenburg. Schon Benns Großvater Joachim war in Mansfeld Pfarrer, als Benns Vater Gustav hier geboren wurde. Gut 30 Jahre später wiederholte sich die Familiengeschichte: Benns Vater war nach Mansfeld versetzt worden, und die Geburt des Sohnes vollzog sich »in den gleichen Zimmern, in denen 1857 mein Vater, Gustav Benn«, zur Welt gekommen war. (GW, S. 1887)

Während die Vorfahren des Vaters aus der Umgebung, aus Rambow bei Perleberg stammten, war Benns Mutter französischsprachige Schweizerin aus der Nähe von Yverdon: »Sie sprach infolgedessen die deutsche Sprache immer mit Akzent, gewisse deutsche Worte wollten ihr ihr Leben lang nicht gelingen, und sie sang ihre vielen Kinder mit französischen Liedern ein.« (GW, S. 1890) Caroline Benn geb. Jequier stammte aus einer Uhrmacherfamilie, doch dominierte auch hier stark ausgeprägte, protestantische Religiosität. Benn besaß »Papiere ihrer Heimatbehörde, dahin lautend: que tous les ressortissants de la famille Jequier de Fleurier sont d'origine Suisse et de religion protestante-

Gottfried Benns
Taufeintrag im
Mansfelder Kirchen-
buch. – Repro 1998

Geboren und Getaufte   im Monat Mai – Juli 1886.

No.	Taufnamen des Kindes	Tag und Stunde der Geburt in Buchstaben u. Zahlen. Tag. Stunde.	Ob ehelich oder unehelich.	Stand u. Wohnort des Vaters auch Konf. d. Selben.	Vor u. Zuname der Mutter.
10.	Gottfried Benn	Sonntag Quasimodog. den 29sten – 2. Mai abends 7½ Uhr	ehelich	Pastor Carl Albert Gustav Benn	Caroline Jequier

calviniste« (GW, S. 1891). Die Mutter hatte als Gouvernante zunächst in England, dann in preußischen Adelsfamilien gedient, wo sie Benns Vater kennenlernte – bei der Familie von Wilamowitz-Moellendorf auf Schloß Gadow in der Prignitz.

Die Taufe des kleinen Gottfried brachte ein wenig weltläufiges Flair in das Tagelöhnerdörfchen Mansfeld. Neben der väterlichen Verwandtschaft aus den umliegenden Ortschaften, etwa in Gestalt von »Frau Post-Verwalter Benn« aus Putlitz, waren auch Angehörige von Benns Mutter und Angehörige der pietistischen Glaubensgemeinde in Bad Boll, der Benns Vater nahestand, geladen. So finden sich unter den Taufzeugen etwa ein »Monsieur Jules Jequier« aus »Fleurier (Suiße)«, Gäste mit pietistisch-prominenten Namen wie »Fräulein Dorothea Blumhardt« oder »Vetter Hansjörg Dittus« aus Bad Boll und »Herr Georg Lindner, Assistent an der techn. Hochschule Darmstadt«.

Dabei waren die äußeren Umstände mehr als bescheiden. Die Taufkirche: eine Notkirche aus der Zeit nach dem 30jährigen Krieg, mit Ziegelfußboden, acht Fenstern und einer Empore aus Eichenbalken, die Wetterseite außen verbrettert, einer großen Scheune nicht unähnlich, doch mit windschiefem Kreuz auf dem Dach. Das Elternhaus: ein »Pfarrhaus aus Lehm und Balken, erbaut im siebzehnten Jahrhundert, von einem Schafstall nicht zu unterscheiden«, wie Benn meinte. (GW, S. 793) »In meinem Elternhaus hingen keine Gainsboroughs«, betonte der Dichter später mit trotzigem Stolz. (GW, S. 339)

Gerade der Spannung und dem Gegensatz zur Religiosität des Elternhauses entsprang ein großer Teil von Benns geistiger Produktivkraft. Immer wieder stellte er das evangelische Pfarrhaus als prägenden und zugleich provozierenden Sozialisationsfaktor heraus. Ja, Benn behauptete, daß das protestantische Pfarrhaus »statistisch in den vergangenen drei Jahrhunderten Deutschland weitaus die meisten seiner großen Söhne geschenkt hat« (GW, S. 1889). Als herausragende Einzelbeispiele nennt er neben Jean Paul, Lessing, Schelling und Wieland: Wilhelm Dilthey, Adolf von Harnack, Theodor Mommsen, Friedrich Nietzsche, Albert Schweitzer und andere.

Die komplizierte Beziehung zur eigenen Herstammung läßt sich an Benns Verhältnis zum Vater ablesen: »Der Alte ist im Winter grün/wie Mistel und im Sommer Hecken,/ lobsingt dem Herrn und preiset ihn/

und hat schon wieder Frucht am Stecken«, denunzierte der Erstgeborene den glaubensstarken und zeugefreudigen Vater in seinem Gedicht ›Pastorensohn‹ (GW, S. 416). Das Vatermordmotiv des Expressionismus variierte der Sohn in einer Kastrationsdrohung: »Verfluchter alter Abraham,/zwölf schwere Plagen Isaake/haun dir mit einer Nudelhacke/den alten Zeugeschwengel lahm.« (GW, S. 417) Später gedachte der Dichter seines Erzeugers dagegen »mit Teilnahme und Verehrung«; an den Freund Friedrich Wilhelm Oelze schrieb er kurz nach dem Tod des Vaters im Oktober 1939, ihm käme »als stärkster Eindruck entgegen, dass ich ihn niemals, in keiner Lage u. vor keinem Ereignis, armselig, dürftig, kleinlich, ängstlich sah, […] es strömte etwas von ihm aus, dem ich mich selbst in meinen extremsten u. explosivsten Jahren nie entziehen konnte, u. das ich als eine überwältigende unfassliche Reinheit bezeichnen möchte« (zit. n. Greve, S. 10).

Heute wohnt Pastor Gerd-Dietrich Krysmanski im Mansfelder Pfarrhaus. Der Nachfolger von Benns Vorfahren wird vermutlich der letzte in der Reihe der 22 Pfarrer von 1657 bis heute sein. 1994 trat er in den Ruhe-

6

stand; die Pfarrstelle ist nicht wieder besetzt worden. So ist sein Amts-sitz zu seinem Altenteil geworden. Und der Raum, in dem Gottfried Benn geboren wurde, ist sein Arbeitszimmer. Deswegen klingeln ab und zu Benn-Fans an seiner Haustür. Auch zu DDR-Zeiten kamen Besucher: ganze Busladungen interessierter Mitglieder des Kulturbundes oder der Evangelischen Kirche Brandenburgs und zahlreiche einzelne, zu-weilen Prominente, wie der Schriftsteller Günter de Bruyn.

Zum 100. Geburtstag Benns 1986 brachte das Fernsehen der DDR in seinem ›Kulturmagazin‹ einen Filmbericht über ihn und seinen auf DDR-Gebiet liegenden Geburtsort – obwohl der Dichter gerade auf diesem Territorium zur literarischen *persona non grata* erklärt und lange Jahre totgeschwiegen worden war. So blieb es eigentlich still ums Mansfelder Pfarrhaus; wie auch das Dörfchen einen stillen, fast totenstillen Eindruck macht. Zu seinen Blütezeiten wohnten hier rund 500 Menschen, jetzt nur noch ein Fünftel davon, zumeist alte Leute. Die Beerdigungen über-wogen stets unter den Amtshandlungen des Pfarrers; kaum Hochzeiten oder Taufen. Die jungen Leute ziehen weg, mit der DDR sind die letzten Reste einer dörflichen Infrastruktur zusammengebrochen.

1990 machten auch der Konsum-Laden und der Dorfkrug dicht. Kein Arzt am Ort, alles im benachbarten Putlitz; letzter Bus 17.24 Uhr. Bis zum Dezember 1995 fanden in der Kirche noch Gottesdienste statt, aber auch das ist vorbei – ›Sela, Psalmenende‹. Kein naher See lockt Touristen an, keine Pension bietet Gästen Unterschlupf. Hier ist selbst aus großen Söhnen kein Kapital zu schlagen. Und so erinnert auch keine Gedenktafel an Benn.

Die Kirche wurde zuletzt 1931, das Pfarrhaus erst in den letzten Jahren renoviert (und dabei in seinem Aussehen verändert). Das Kirchlein kann besichtigt werden: Den Schlüssel erbittet man beim Pfarrer oder dem Dorfschullehrer-Ehepaar Füchsel im Haus zur Linken, Dorfstraße Nr. 9. Wem aufgetan wird, der kann die roh gezimmerte »Balkendecke mit Unterzug und Mittelstützen« des bescheidenen Gotteshauses sowie dessen Mittelkanzel »in unbeholfener Spätrenaissance mit alter Bema-lung« betrachten: Auf den Füllungen der Kanzel sind die Evangelisten dargestellt (Kunstdenkmäler I, S. 183). Der kleine Glockenstuhl steht für sich: »hel got unde maria und de hilge moder sunte anna sulvdrud« läßt sich als mittelniederdeutsche Inschrift der Glocke entziffern.

Das Schloß der Finckensteins in Trossin, niedergebrannt 1945, abgetragen in den 60er Jahren. – Aufnahme im Besitz von Günther Graf Finckenstein, Brodowin

II Szenenwechsel: Rund 300 Kilometer Luftlinie sind es von Mansfeld bis Sellin, heute Zielin. Die Familie Benn wird ihren Umzug im Winter 1886/87 mit Pferdewagen bewerkstelligt haben. Wir haben es bequemer. Von Berlin aus fahren wir auf der Bundesstraße 1 bis Küstrin; hier folgen wir auf der Landstraße 118 den Wegweisern Richtung Szczecin (Stettin). Bald erreicht man Boleszkowice, das frühere Fürstenfelde. Dem Namen werden wir noch einmal begegnen. Auf halber Strecke nach Mieszkowice, dort, wo ein Wegweiser links nach Kłosów zeigt, biegen wir nach rechts in einen Weg ein, der uns zwischen Feldern und durch ein Dörfchen nach Troszyn/Trossin führt. Rechts neben dem Eingang zur Kirche stehen zwei Pfeiler mit einem schmiedeeisernen Tor: Es ist die Zufahrt zum früheren Gutsbezirk der gräflichen Familie Finckenstein, die zugleich Patronatsherren der Selliner Kirche waren. Durch dieses Tor muß der kleine Gottfried oft geschritten sein. Die Beziehungen zwischen der Grafen- und der Pfarrersfamilie waren eng. Mit den jungen Grafen zusammen erhielt Benn den ersten Unterricht bei seinem Vater. Pastor Benn stand zugleich Pate bei den jüngeren Finckensteins – eine Freundschaft, die auch nach Krieg und Vertreibung nicht abriß: Noch Anfang der 50er Jahre besuchte die Familie den Arzt und Dichter in seiner ›Wohnpraxis‹ in Berlin-Schöneberg.

Das Schloß wurde 1945 auf dem Vormarsch der Roten Armee niedergebrannt und in den 60er Jahren gänzlich dem Erdboden gleich-
gemacht. Aus dem See, der hinter dem verwilderten Park liegt, ragen
noch einige behauene Steine: die frühere Terrasse. Doch die Gräber
der Finckensteins, auf dem Kirchhof direkt an der Umfriedung ge-
legen, sind erhalten. Auch an der Kirche ist noch eine deutsche Inschrift zu entdecken. ›Frieden sei mit Euch‹ ist auf der Türklinke des
Turmeingangs zu lesen.

Folgt man der Dorfstraße, geht es nach wenigen hundert Metern links
nach Zielin, wie ein Schild verkündet. Der Weg führt drei Kilometer
durch dichten Wald, bis man von fern die Selliner Kirche aufragen
sieht. Hier ist es also – Benns ›Kinderland‹, das er 1934 so beschrieb:
»Ein Dorf mit siebenhundert Einwohnern in der norddeutschen
Ebene, großes Pfarrhaus, großer Garten, drei Stunden östlich der
Oder. Das ist auch heute noch meine Heimat, obgleich ich niemanden
mehr dort kenne, Kindheitserde, unendlich geliebtes Land. Dort
wuchs ich mit den Dorfjungen auf, sprach Platt, lief bis zum November

**Ansicht von Sellin/Neu-
mark (heute: Zielin).
Postkarte.
– DLA Marbach**

9

barfuß, lernte in der Dorfschule, wurde mit den Arbeiterjungen zusammen eingesegnet, fuhr auf den Erntewagen in die Felder, auf die Wiesen zum Heuen, hütete die Kühe, pflückte auf den Bäumen die Kirschen und Nüsse, klopfte Flöten aus Weidenruten im Frühjahr, nahm Nester aus.« (GW, S. 1892)

Wer unter den Kastanien vor der Kirche parkt, ist am Pfarrhaus bereits vorbeigefahren. Gleich an der Kreuzung, zwischen Kirche und Spritzenhaus, liegt ein unscheinbares Gebäude in grau-braunem Putz, mit gewellten Dachplatten gedeckt. Nutzlos und ohne Geländer führt auf der Frontseite eine Vortreppe ein paar Stufen empor: Der ursprüngliche Eingang ist zugemauert und durch ein Fenster ersetzt worden. Auf einem dreieckigen Vorplatz, wo jetzt drei Tannen in den Himmel ragen, muß früher eine Linde ihr Laub ausgebreitet haben.

Als Joachim Seyppel 1970 als ›Yankee in der Mark‹ auf Benns Spuren wandelte, fand er noch einen imposanten Backsteinbau mit Eingangsveranda und Dachgauben vor. Zwischenzeitlich wurde das Gebäude zur Schule umgebaut, die jetzt jedoch in das ehemalige Gutshaus verlegt ist. Vor fünf Jahren kaufte ein Lehrerehepaar das ehemalige Pfarrhaus und zog in die nunmehr klassenzimmergroßen früheren Wohnräume der Familie Benn. »So wie das Haus jetzt aussieht, würde man genausogut glauben, es sei vor fünf Jahren überhaupt erst gebaut worden«, meinte der Journalist Thomas Medicus, der den Bewohnern 1997 einen Besuch abstattete.

Doch wir wissen, wie es zu Benns Zeiten darin aussah; in den 50er Jahren hat der jüngste Bruder des Dichters, Ernst-Viktor, das Selliner Leben im »großen roten Steinbau« (GW, S. 793) für seine Kinder schriftlich festgehalten. »Rechts vom Flur lag Vaters Arbeitszimmer, daneben ein schmaler Raum mit Aktenregal und Badewanne, dahinter Küche, Wirtschaftsstube und Speisekammer, auf der anderen Seite des Hauses Wohn-, Eß- und Schlafzimmer. Von der Gartentreppe, an die sich eine gedeckte Veranda anschloß, blickte man auf den ›großen Rasen‹ mit dem Rosenbeet. Büsche und hohe Bäume schlossen ihn ein. Ein Graben, über den drei Brücken führten, trennte ihn vom großen Gemüse- und Feldgarten mit Beerensträuchern, Obstbäumen und Trockenplatz. Seitlich vom Haus war die breite Toreinfahrt zum Wirtschaftshof mit Stall und Scheune, Wagenremise und Dunggrube.« (Zit. n. Holt-

husen, S. 56–57) Ein »uralter gemauerter Backofen lag abseits im Garten«, erinnerte sich Benn selbst. (GW, S. 1892) Davon ist nichts mehr zu
entdecken. Nur die Wirtschaftsgebäude sehen wohl noch so aus wie
zu des Dichters Zeiten. Die Kirche, ein rechteckiger Granitquaderbau
aus dem 14. Jahrhundert mit einem im Jahre 1704 hinzugefügten
wuchtigen Turm, ist neu eingedeckt und frisch gestrichen. Die bunt-
bemalte Madonna links vom Turmeingang thront auf dem umgestalte-
ten Kriegerdenkmal des Ersten Weltkriegs: Auf der Rückseite des
Sockels ist noch das Eiserne Kreuz zu sehen. Im Schaukasten hängen
Nachrichten der PARAFIA NARODZENIA NAJSWIETSSZEJ MARYI PANNY ZIELIN, der
›Pfarrei der Geburt der allerheiligsten Jungfrau Maria‹. Geht man den
vom dichten Dach der Kastanienbäume überschatteten Weg zum
Eingangstor des Kirchhofs zurück, läuft man geradeswegs auf den
PAWILON HANDLOWO-GASTRONOMICZNY zu, in dem Kaffee, COCA-COLA oder
Bier der Marke ZYWIEC serviert wird.
Der katholische Pfarrer wohnt heute auf der anderen Seite der Kirche,
in der UL. W. WITOSA Nr. 26. Zwischen den Häusern sieht man den Selli-
ner See hindurchschimmern. Ein Pfad führt zum Ufer hinunter und ein

Das frühere Pfarrhaus in Sellin nach dem Umbau. – Foto: Kai-Uwe Scholz, 1998

11

Das Pfarrhaus in Mohrin (heute: Moryń). – Foto: Kai-Uwe Scholz, 1998

Steg aufs Wasser hinaus. Erst von hier aus gelingt es, eine Ahnung von Benns Sellin zu bekommen, beim Anblick der bis heute unverändert gebliebenen dörflichen Silhouette. Trübe Herbsttage, das Gefühl der Verlorenheit wird es damals gegeben haben: »Nasse Zäune/über Land geweht,/ dunkelgrüne Stakete« müssen als Fixpunkte, »Krähenunruhe und Pappelentblätterung/als Umwelt« empfunden worden sein (GW, S. 457). Doch in der Rückschau dichtete Benn seine Kindheitserinnerungen zu einem ewigen, rauschhaften Sommer voll Duft und Sonne um. »Es ist ein Garten, den ich manchmal sehe/östlich der Oder, wo die Ebenen weit,/ein Graben, eine Brücke, und ich stehe/an Fliederbüschen, blau und rauschbereit.//Es ist ein Knabe, dem ich manchmal trauere,/der sich am See in Schilf und Wogen ließ,/Noch strömte nicht der Fluß, vor dem ich schauere,/der erst wie Glück und dann Vergessen hieß.« (GW, S. 345)

Später trat Benns Bruder Stephan die Nachfolge des Vaters an. Das Erlebnis der Selliner Dorfidylle wurde sogar noch Benns einzigem Kind, der kleinen Nele, zuteil, die der Dichter nach dem Tod seiner ersten Frau im Jahre 1922 dem Bruder in Obhut gab. Das Stadtkind blühte auf: »Die Monate im Pfarrhaus dort gehören zu den schönsten meines Lebens«, schrieb die Tochter rückblickend; und auch der »Vater sehnte sich immer nach Sellin« (Sørensen, S. 25).

III Ab 1896 besuchte Gottfried Benn das Friedrichs-Gymnasium in Frankfurt an der Oder. Auch das wollen wir besichtigen. Doch wer bis Sellin gekommen ist, muß auch das rund 20 Kilometer entfernte Mohrin sehen, wo Benns Vater noch vor dem Ersten Weltkrieg die Stadtpfarre übernahm und wo der junge Mediziner seine Eltern besuchte. Das überaus malerische, an einem See gelegene und von einer uralten Stadtmauer umgürtete Städtchen umfaßte damals gerade mal etwas mehr als 1000 Einwohner. Erstmalig 1265 erwähnt, war das heutige Moryń im 14. Jahrhundert immerhin zeitweiliger Sitz der neumärkischen Münze gewesen. Eine kurzgefaßte Chronik der Stadt

12

sei »im Besitz des Herrn Pfarrer Benn«, gibt das Verzeichnis der ›Kunstdenkmäler der Provinz Brandenburg, Kreis Königsberg Nm.‹ aus dem Jahre 1928 an – und widmet vor allem der Beschreibung der Kirche breiten Raum. (Kunstdenkmäler VII, S. 193)

Das Gotteshaus ist in der Tat sehenswert. »Unter den Feldsteinbauten des Kreises hat die Mohriner Kirche den Charakter des Mittelalters am treuesten bewahrt. Das Äußere ist durch keine modernen Wiederherstellungen verändert.« – »Die Raumgestaltung des Innern verdient besondere Beachtung. Die Mohriner Kirche ist der einzige Bau unter den Feldsteinkirchen des Kreises, bei dem der Raum durch die Anlage eines Querschiffes erweitert worden ist.« – »Eine besondere Seltenheit ist ferner die offene Durchfahrt durch den Turm, die an keiner anderen Kirche des Kreises zu finden ist.« (Kunstdenkmäler VII, S. 195)

Die Liedzeile ›Ein feste Burg ist unser Gott‹ mag dem heutigen Besucher beim Anblick des trutzigen Gotteshauses mit Fug und Recht in den Sinn kommen. Der Zweite Weltkrieg ließ das Städtchen unzerstört. Wer rechts an der Kirche vorbeigeht und durch ein kleines Tor den geweihten Bezirk wieder verläßt, sieht schräg gegenüber, am Fuße der UL. DOJAZDOWA, ein Haus mit einer Jahreszahl am Giebel: das Pfarrhaus. »Gemalt wie von Heinrich Vogeler, steht es, 1910 erbaut, mit spitzem Giebel und Walmdach inmitten eines großen Gartens, nicht weit vom Seeufer. Rosenstöcke, Apfel-, Birnbäume, Linden: das ist es, das Urbild des protestantischen Pfarrhauses, hier muß sich das Genrebild die Motive des idyllischen Ambiente besorgt haben«, meinte Thomas Medicus. Doch die Idylle trügt. Hinter den Mauern des Pfarrhauses starb im Jahre 1912 Benns geliebte Mutter an Brustkrebs – unter unsagbaren Schmerzen. Der Sohn, inzwischen approbierter Arzt, wollte die Leiden mit Morphium-Injektionen lindern. Vater Benn hingegen, der auch Krankheit und Schmerz als von Gott zugeteiltes, ergeben zu ertragendes Los ansah, verweigerte seine Zustimmung. Das Haus wurde Schauplatz heftiger Auseinandersetzungen zwischen Vater und Sohn.

In der zweiten Etage dieses Wohnhauses in Frankfurt (Oder), Gubener Straße 31a, wohnte Gottfried Benn als Schüler des Friedrichs-Gymnasiums. – Foto: Kai-Uwe Scholz, 1998

Eingangsgebäude des 1881/82 erbauten Frankfurter Friedrichs-Gymnasiums, an dem Gottfried Benn 1903 sein Abitur ablegte. – Foto: Kai-Uwe Scholz, 1998

Ⅳ Das Königliche Friedrichs-Gymnasium in der Garnison-, Haupt- und Handelsstadt Frankfurt an der Oder bezog Benn noch von Sellin aus. Hier wohnte er zusammen mit dem jungen Heinrich Graf Finckenstein bei Frau Agnes Leonhard, einer Rechtsanwaltswitwe, die im Haus Gubener Straße 31a in der zweiten Etage eine Schüler- pension unterhielt (vgl. Buntbuch Nr. 3 von Hans-Jürgen Rehfeld). Nicht einmal 500 Schritte hatte der junge Benn von der Haus- bis zur Schultür zurückzulegen, vorbei an Gründerzeitgebäuden und dem Barock- palais, in dem Professor Peter Immanuel Hartmann im 18. Jahrhundert die erste Sternwarte der Stadt eingerichtet hatte. Zu DDR-Zeiten hieß das Friedrichs-Gymnasium ›Maxim-Gorki-Oberschule‹. Mit der Rück- benennung wurde wieder seinem Gründer die Ehre gegeben: Gleich gegenüber vom Eingang hängt ein Porträt Friedrichs I., des ersten

14

preußischen Königs, an der Wand. Umringt ist es von Bildern berühmter Lehrer und Schüler – darunter Gottfried Benn, Abiturient des Jahres 1903.

Beim Überschreiten der Schwelle springt dem Besucher der altgriechische Gruß XAIPE ins Auge. Er habe »zum Glück ein humanistisches« Gymnasium besucht, betonte der Dichter wiederholt, sich seiner Schule stets dankbar entsinnend. (GW, S. 1893) Nach der christlichen Sozialisation wurde Benn im altsprachlichen Unterricht mit Mythen und Vorstellungswelt des Altertums vertraut gemacht; eine weitere Prägung, die ihn später zum *poeta doctus* werden ließ. So lassen sich die Stationen von Gottfried Benns Kindheit und Jugend auch in seinem Werk wiederfinden: Der ›Fanatismus zur Transzendenz‹ des protestantischen Elternhauses, das intensive Naturerleben der auf dem Dorf verbrachten Kindheit und das klassische Bildungsgut des humanistischen Gymnasiums haben sich in seinem Schaffen deutlich niedergeschlagen.

V 1940 weilte Benn zum letzten Male in seiner Heimat östlich der Oder: an den Gräbern seiner Eltern in Mohrin, die heute eingeebnet sind. Der alte Garten sei »in polnischem Besitz/die Gräber teils-teils«, heißt es in einem wohl 1954 entstandenen Gedicht: »Oder-Neiße-Linie/für Sarginhalte ohne Belang« (GW, S. 339).

Die ›Kindheitserde‹, das ›unendlich geliebte Land‹ sollte Benn nie wiedersehen. Seiner Heimat entsann sich der im Westteil Berlins lebende Dichter »mit der Melancholie des Großstädters, der aus den Maschinen- und Industriezentren zurückdenkt an Kindheit, Garten, agrarisch-patriarchalische Stimmungen« (GW, S. 2150). »Lebe wohl den frühen Tagen,/die mit Sommer, stillem Land/angefüllt und glücklich lagen/in des Kindes Träumerhand«, reimte er. (GW, S. 511) Doch wurde die in der Mark verbrachte Kindheit auch in Benns letztem Lebensabschnitt noch einmal bedeutsam.

1946 betrat eine Kollegin, eine Zahnärztin namens Dr. Ilse Kaul, Benns Arztpraxis in Berlin-Schöneberg, Bozener Straße 20. Sie hatte ihre eigene Praxis um die Ecke und mußte sich einer von den Behörden angeordneten Tuberkulose-Impfung unterziehen. Benn impfte sie, und das beiläufig geführte Gespräch ergab, daß die Zahnmedizinerin aus einem nur wenige Kilometer von Sellin entfernten Örtchen, dem heutigen Mieszkowice, stammte: »Fürstenfelde bei Küstrin? Da kennen Sie womöglich auch Sellin – dort bin ich aufgewachsen«, rief der Dichter (zit. n. Grieser, S. 217). Die beiden fanden ›weitere Gemeinsamkeiten‹ – und Ende 1946 heiratete der zweimal verwitwete Benn die 28 Jahre jüngere Neumärkerin. In ihr hatte er ein Stück Heimat wiedergefunden.

Quellen und Literatur   Gottfried Benn: Gesammelte Werke in acht Bänden. Hrsg. von Dieter Wellershoff. Wiesbaden 1968 [Sigle: GW]. – Hanspeter Brode: Benn-Chronik. Daten zu Leben und Werk. München, Wien 1981. – Ludwig Greve: Gottfried Benn 1886–1956. Eine Ausstellung des Deutschen Literaturarchivs. Marbach am Neckar 1987. – Dietmar Grieser: Musen leben länger. Begegnungen mit Dichterwitwen. München 1981. – Reinhold Grimm und Wolf-Dieter Marsch (Hg.): Die Kunst im Schatten des Gottes. Für und wider Gottfried Benn. Göttingen 1962. – Hans Egon Holthusen: Gottfried Benn. Leben, Werk, Widerspruch. 1886–1922. Stuttgart 1986. – Thilo Koch: Gottfried Benn. Ein biographischer Essay. Frankfurt am Main 1986. – Die Kunstdenkmäler der Provinz Brandenburg. Band I, Teil 1: Westprignitz (Berlin 1909) und Band VII, Teil 1: Kreis Königsberg Nm. (Berlin 1928). – Walter Lennig: Gottfried Benn, mit Selbstzeugnissen und Bilddokumenten dargestellt. Reinbek 1962 (rowohlts monographien). – Thomas Medicus: Ganz amusisches Gedankenleben. Auf Gottfried Benns Pfarrhaus-Spuren. In: Frankfurter Allgemeine Zeitung, 18.2.1998. – Robert Minder: Das Bild des Pfarrhauses in der deutschen Literatur von Jean Paul bis Gottfried Benn. Wiesbaden 1958 (Abhandlungen der Akademie der Wissenschaften und der Literatur in Mainz). – Hans-Jürgen Rehfeld: Gottfried Benn und Klabund am Frankfurter Friedrichs-Gymnasium. Frankfurt (Oder) 1991 (Frankfurter Buntbücher 3). – Albrecht Schöne: Säkularisation als sprachbildende Kraft. Studien zur Dichtung deutscher Pfarrersöhne. Göttingen 1958 (Palaestra 226). – Kai-Uwe Scholz: Nur 50 Prozent germanisch. Gottfried Benns Geburtsort Mansfeld. In: Neue Zürcher Zeitung, 26.9.1996. – Jürgen Schröder: Gottfried Benn. Poesie und Sozialisation. Stuttgart 1976 (Sprache und Literatur 103). – Joachim Seyppel: Bei Dr. med. G. Benn, Mansfeld und Zielin. In: Ders.: Die Streusandbüchse. Roman aus der Mark Brandenburg. Frankfurt am Main 1990. S. 106–113. – Nele Poul Sørensen: Mein Vater Gottfried Benn. Wiesbaden 1960.